Sandra Mahut
Photographies de Nathalie Carnet

paniers vapeur

LES PETITS PLATS
MARABOUT
ORIGINAUX & AUTHENTIQUES
DEPUIS L'AN 2000

CARNET PRATIQUE

POISSON LES RECETTES

VIANDE LES RECETTES

LÉGUMES LES RECETTES

APÉRO LES RECETTES

SUCRÉS LES RECETTES

LES USTENSILES

Qui a dit que le panier en bambou était réservé à la cuisine asiatique ? Riz gluant ou bouchées vapeur certes, mais pas seulement ! Le panier en bambou est un mode de cuisson vapeur comme un autre, vous pouvez y préparer tout un tas de petits plats, et même des plats complets. Et l'intérêt, c'est qu'on mange dedans : servez vos paniers comme des assiettes. C'est joli et ça change !

LE PRINCIPE

Une cuisson vapeur en circuit fermé. Le panier doit être fermé de son couvercle et disposer d'une source de vapeur : soit reposer sur une casserole d'eau bouillante, soit être enfermé dans un fait-tout équipé d'un panier intégré. Il est important que la vapeur ne s'échappe pas, pour otimiser la cuisson. La vapeur doit exclusivement circuler entre la casserole d'eau et le panier. Essayez et vous verrez que le panier en bambou deviendra très vite l'outil indispensable à la préparation de petits dîners ludiques et ultrarapides. En plus, pas de vaisselle, le panier se sert à table, en guise d'assiette.

LE PANIER EN BAMBOU

Ces paniers sont réutilisables, il suffit de bien les nettoyer après chaque repas, à l'éponge et à l'eau chaude. Il en existe de plusieurs diamètres : 12, 14, 18 cm. Pour une personne, comptez un panier de 14 cm pour un plat complet, ou bien 2 paniers de 12 cm, l'un contenant les protéines, l'autre les légumes.

LE KIT DE BASE : PANIER BAMBOU + CASSEROLE ADAPTÉE

Voici ce dont vous aurez besoin pour préparer vos dîners à la vapeur en un clin d'œil :
- 1 panier vapeur par personne ;
- 1 casserole du même diamètre que les paniers vapeur. Le tout est de réussir à trouver la casserole adéquate. Trop grande, impossible de déposer le panier dessus, trop petite, la vapeur ne sera pas bien contenue entre la casserole et le panier, elle s'échappera et la cuisson ne sera pas optimum.
- le matériel classique que vous avez déjà dans votre cuisine : des couteaux, une planche à découper, un zesteur, un presse-agrumes, des bols, une petite casserole pour les sauces.

LES ALTERNATIVES

- la casserole avec panier vapeur intégré. Si vous êtes équipé, profitez-en : déposez les paniers en bambou dans le panier vapeur, c'est très pratique.
- le panier de la cocotte-minute ou du couscoussier peuvent aussi accueillir les paniers en bambou.
- le système D : si vous n'avez ni casserole au même diamètre que le panier ni grande casserole à panier intégré, voici une petite astuce : couper 2 ou 3 grosses pommes de terre en deux, les disposer au fond de votre plus grande casserole, couvrir d'eau jusqu'au niveau des pommes de terre, puis poser dessus jusqu'à deux paniers superposés. Refermer la casserole avec un grand couvercle.

Si vous avez un panier spécial riz gluant, la cuisson du riz n'en sera que facilitée. En osier tressé, il prend la vapeur plus facilement. Déposez-le dans un second panier vapeur de plus grande taille.

CONSEILS ET ASTUCES

La cuisson à la vapeur n'a rien de sorcier. Le but du jeu est de réaliser une composition harmonieuse, entre légumes, viandes et poissons, temps de cuisson, saveurs, textures et esthétique. Tout cuit en même temps, ou en léger décalé. Les saveurs se développent grâce aux arômes du bouillon de cuisson. Le tout accompagné d'une sauce et servi directement dans les paniers.

LA CUISSON

L'intérêt des paniers individuels est de les superposer : vous pouvez cuire en même temps légumes et poissons, dans deux paniers différents, ou bien superposer des paniers complets, et tout le monde sera servi en même temps !

Quelques règles :

- Positionnez les ingrédients les plus « durs » au plus près de la source de vapeur.
- Si vous faites cuire plusieurs paniers identiques et que le panier du dessus vous semble un peu moins cuit que le premier, intervertissez l'ordre à mi-cuisson.
- Ne dépassez pas 3 paniers par casserole, au risque que celui du dessus manque de cuisson.

La formule la plus sûre, celle qui est appliquée dans les recettes qui suivent, est d'opter pour deux casseroles : pour 4 personnes, 4 paniers, soit 2 par casserole. Si vous n'êtes que 3, une seule casserole suffira.

LE BOUILLON

Le bouillon doit être réalisé avant de commencer la préparation des légumes. Il doit être bouillant au moment où l'on pose les paniers sur la casserole. C'est très simple : remplir la casserole d'eau, ajouter les aromates et porter à ébullition. Les paniers seront empilés sur la casserole de bouillon, qui dégagera tous ses fumets sous forme de vapeur.

L'ASSAISONNEMENT

À la vapeur, l'assaisonnement est primordial. Saler et poivrer généreusement vos paniers et servir avec de la fleur de sel.

LES LÉGUMES

Dès que le bouillon est lancé, préparer les légumes.

DÉCOUPER ET COMPOSER

Laver, éplucher, découper les légumes. Il est intéressant de travailler la découpe, pour réaliser de jolies compositions : petits tronçons, lamelles, tagliatelles... à empiler, enrouler, etc.

EMPILER DANS L'ORDRE

Disposer les légumes dans les paniers de façon harmonieuse, tout en gardant en tête l'une des règles de base : les légumes plus « durs » (betterave, navet, carotte, potiron, chou) au fond, ceux qui cuisent plus vite (courgette, tomate, asperge) au dessus.

LA CUISSON ANTICIPÉE

Refermer le panier et le déposer sur la casserole de bouillon. Les légumes vont commencer à cuire, avant que l'on ajoute la viande ou le poisson, qui cuisent plus rapidement.

POISSON OU VIANDE

Pendant la cuisson des légumes, préparer le poisson ou la viande. Le poisson peut être simplement déposé en filet. La viande demande un peu plus de préparation, car sa cuisson à la vapeur est plus délicate. L'idéal est d'avoir des morceaux fins, c'est pourquoi on la travaille souvent en roulé, avec une farce bien relevée. Disposer viande ou poisson dans les paniers sur les légumes et poursuivre la cuisson.

LA SAUCE ET LE SERVICE

Chaque recette est accompagnée d'une sauce. Elle se prépare rapidement à la fin, pendant la cuisson des paniers.
Servir directement dans les paniers, qui font office d'assiette.

0
10
20
30
40
50
minuter

BOUILLONS

L'idée de la cuisson à la vapeur est belle. Poussons l'histoire un peu plus loin en parfumant l'eau de cuisson. Le bouillon révèlera ses saveurs dans la vapeur, enrichissant subtilement les goûts de la recette..

Tout est possible ! Selon votre goût et l'équilibre des saveurs de la recette, plongez dans le bouillon l'un de ces ingrédients (une poignée pour les herbes, quelues pincées pour les épices, quelques gouttes pour les huiles, c'est selon le goût) :

HERBES
aneth, basilic, coriandre, ciboulette, marjolaine, livèche, laurier sauce, pimprenelle, thym, sauge, sarriette, romarin.

AROMATES
ail, baies roses, grains de céleri, anis, cardamome, carvi, graines de moutarde, graines de pavot, noix de muscade, citronnelle, feuilles de kaffir (bergamote), galanga, gingembre frais.

ÉPICES
macis, graines de moutarde, poivre de Sichuan, sumac, paprika, safran, noix de muscade, cumin, cannelle moulue, anis étoilé, réglisse, curcuma, girofle.

MÉLANGES D'ÉPICES
ras el hanout, grama masala, colombo, curry, zahtar, quatre-épices, cinq-épices.

AGRUMES
citron, mandarine, kumquat, orange sanguine, citron vert, pamplemousse, bergamote, citrons confits.

LÉGUMES
céleri branche, livèche.

THÉS
thé aromatisés, thés fumés.

HUILES AROMATISÉES
huile de rocou, huile de truffe, huile de mandarine.

CÉRÉALES ET LÉGUMINEUSES

**La recette de l'incontournable riz gluant !
Et d'autres pour accompagner tous vos petits plats.**

RIZ GLUANT

REPOS 12 HEURES MINIMUM - CUISSON 30 MINUTES

70 g de riz par personne

Laver le riz jusqu'à ce que l'eau soit claire. Couvrir d'eau froide et laisser tremper 1 nuit ou 1 journée (12 heures).
Verser le riz dans des petits paniers vapeur (en bambou ou en osier) et faire cuire environ 30 minutes sur une casserole d'eau bouillante. Le riz est cuit quand il est translucide et collant, il fait des petits paquets quand on le prend avec les doigts.
Si on n'a pas de panier en osier, on peut aussi placer le riz dans un petit bol en inox au centre du cuiseur vapeur.

BOULGOUR ET QUINOA

REPOS 3 HEURES - CUISSON 30 MINUTES

70 g de céréales par personne

Laver les céréales plusieurs fois sous l'eau froide. Couvrir d'eau froide et laisser tremper 3 heures minimum.
Verser les céréales dans des petits paniers vapeur, avec un papier sulfurisé percé au fond. Faire cuire environ 30 minutes sur une casserole d'eau bouillante.

COUSCOUS OU SEMOULE DE BLÉ

REPOS 3 HEURES - CUISSON 30 MINUTES

80 g de semoule par personne

Laver la semoule plusieurs fois à l'eau froide. Couvrir d'eau froide et laisser tremper 3 heures minimum.
Verser la semoule dans des petits paniers vapeur, avec un papier sulfurisé percé au fond. Faire cuire environ 30 minutes sur une casserole d'eau bouillante.

LENTILLES CORAIL

REPOS 3 HEURES - CUISSON 30 MINUTES

70 g de lentilles par personne

Laver les lentilles plusieurs fois à l'eau froide. Couvrir d'eau froide et laisser tremper 3 heures minimum.
Verser les lentilles dans des petits paniers vapeur, avec un papier sulfurisé percé au fond. Faire cuire environ 30 minutes sur une casserole d'eau bouillante.

LITS DE LÉGUMES

Un astuce pratique et gourmande pour des paniers de bonne tenue et très goûteux. Le choix de l'ingrédient du lit dépendra du plat et du goût que l'on souhaite obtenir.

Les paniers en bambou sont souvent tressés et cela pour une raison bien évidente : laisser passer la vapeur ! Mais du coup, ils laissent aussi passer les grains, graines et autres petits ingrédients.
Une solution simple et gourmande : une feuille de légume pour laisser passer la vapeur, tout en retenant les aliments. De plus, certaines feuilles laissent un petit goût à la cuisson, ce qui n'est pas inintéressant.

FEUILLE DE TRÉVISE

Cette feuille apporte une petite touche d'amertume.
Elle est parfaite pour cuire des semoules ou des légumineuses.

FEUILLE DE CHOU VERT

Idéale pour les cuissons des petits rouleaux de lapin ou de veau...

FEUILLE D'OSEILLE OU D'ÉPINARD

Parfaite pour cuire un petit morceau de poisson.

PAPIER SULFURISÉ

À défaut de lit naturel, découper un petit disque de papier sulfurisé au diamètre du panier et faire des petits trous avec une fourchette ou la pointe d'un couteau pour laisser passer la vapeur. Une solution parfaite pour cuire les raviolis ou le riz gluant.

POUR 4 PERSONNES - PRÉPARATION 10 À 15 MINUTES - CUISSON 10 MINUTES

SAUMON-GINGEMBRE
SAUCE JAPONAISE

4 pavés de saumon de 150 g chacun
1/2 chou romanesco
500 g de haricots verts
2 petites courgettes

SAUCE
1 cm de racine de gingembre frais
1/2 petit piment rouge épépiné
1 botte de ciboulette
1 citron vert
4 c. à s. de sauce soja claire
1 c. à s. de vinaigre de riz ou blanc
1 c. à s. de sucre blond

BOUILLON
1 botte de coriandre
1 c. à c. de graines de coriandre

BOUILLON
Remplir d'eau 2 casseroles du même diamètre que les paniers. Ajouter la coriandre fraîche hachée et les graines de coriandre. Porter à ébullition pendant la préparation des paniers.

PRÉPARATION
Couper chaque pavé de saumon en 3 gros dés.
Laver les légumes. Couper les courgettes en rondelles en biais, les haricots verts en tronçons de taille égale, détailler le chou romanesco en petits bouquets.

MONTAGE ET CUISSON
Disposer les légumes harmonieusement dans 4 paniers vapeur, en ajoutant 3 gros dés de saumon au centre de chaque panier. Garnir de quelques rondelles de gingembre frais.
Placer les paniers montés sur les casseroles de bouillon en les superposant. Poser les couvercles des paniers du haut et laisser cuire à ébullition pendant 10 minutes.

SAUCE
Émincer la ciboulette très finement, hacher le gingembre au couteau finement. Mélanger les ingrédients liquides, presser le citron vert. Ajouter alors le gingembre haché, la ciboulette, le sucre et le piment émincé très finement. Bien mélanger et réserver au frais.

SERVICE
Servir les paniers avec la sauce japonaise.

POUR 4 PERSONNES - PRÉPARATION 15 À 20 MINUTES - CUISSON 15 À 20 MINUTES

CABILLAUD-LÉGUMES CROQUANTS
SAUCE CORIANDRE ET OIGNON ROUGE

600 g de dos de cabillaud coupé
en 4 portions égales
300 g de carottes baby ou minicarottes
200 g de haricots plats
150 g de pousses de haricot mungo
(germes de soja)
4 feuilles de chou frisé

SAUCE
1 oignon rouge
1/2 botte de coriandre
3 c. à s. d'huile d'olive
3 c. à s. de sauce soja claire
1 c. à s. de sucre blond
1 c. à c. de citron confit haché

BOUILLON
1/2 botte de menthe
1 citron confit

BOUILLON
Couper le citron confit en petits dés. Émincer la menthe aux ciseaux dans un petit verre à eau. Remplir d'eau 2 casseroles du même diamètre que les paniers, ajouter le citron confit et la menthe. Porter à ébullition pendant la préparation des paniers.

PRÉPARATION
Laver et éplucher les carottes, les couper en deux si elles sont trop grosses.
Couper les haricots plats en petits tronçons en biais..

MONTAGE ET CUISSON
Disposer les feuilles de chou frisé dans 4 paniers vapeur. Dans chaque panier, disposer 1/4 des légumes sur les feuilles de chou, puis placer le morceau de cabillaud par-dessus.
Superposer les paniers montés sur les casseroles de bouillon, poser les couvercles sur les paniers du haut et faire cuire à la vapeur 10 à 15 minutes.

SAUCE
Mélanger l'huile d'olive et la sauce de soja, ajouter le sucre, le citron confit, l'oignon rouge émincé et la coriandre hachée. Réserver.

SERVICE
Servir les paniers cabillaud-légumes avec la sauce et du riz gluant (voir cuisson et technique page 10).

Si vous êtes deux et que vous voulez des portions copieuses, préparer 2 paniers par personnne : faites cuire une portion de légumes dans un panier et le poisson dans un autre. Tapissez bien chaque panier de chou. Pour la cuisson, positionnez le panier de légumes en dessous.

POUR 4 PERSONNES - PRÉPARATION 15 À 20 MINUTES - CUISSON 10 MINUTES

SOLE AU CHORIZO, HARICOTS BLANCS
SAUCE TOMATE

4 filets de sole de 100 à 150 g chacun
8 tranches fines de chorizo
2 boîtes de 500 g de haricots blancs
1/4 de potiron
1 botte de coriandre fraîche
10 cl d'huile d'olive
fleur de sel, poivre du moulin

SAUCE
200 ml de coulis de tomate en bocal
3 c. à s. d'eau
1 c. à s. de sucre blond
3 c. à s. de nuoc-mâm
1 c. à c. de sel fin
poivre du moulin

BOUILLON
1 cube de bouillon de volaille
1 c. à c. de double concentré de tomate
1/2 c. à c. de piment d'Espelette
poivre 5-baies

BOUILLON

Remplir d'eau 2 casseroles du même diamètre que les paniers. Ajouter le piment d'Espelette, un tour de poivre 5-baies, le double concentré de tomate et le cube de bouillon de volaille. Porter à ébullition pendant la préparation des paniers.

PRÉPARATION

Étaler les filets de sole sur le plan de travail, ajouter 2 tranches de chorizo sur la longueur. Rouler les filets de sole et les maintenir avec une pique en bois.
Rincer les haricots blancs à l'eau froide, puis les égoutter. Couper le potiron en tranches fines, retirer la peau.

MONTAGE ET CUISSON

Dans 4 paniers vapeur, verser un lit de haricots blancs, ajouter des tranches fines de potiron, saler et poivrer. Poser les roulades de sole au chorizo, ajouter un filet d'huile d'olive et poivrer de nouveau. Parsemer de coriandre fraîche ciselée.
Superposer les paniers sur les casseroles de bouillon. Couvrir et laisser cuire à la vapeur 10 minutes. Le potiron doit être bien tendre.

SAUCE

Verser tous les ingrédients dans une casserole et faire chauffer jusqu'à dissolution du sucre, en remuant de temps en temps.

SERVICE

Servir les paniers avec la sauce tomate chaude.

POUR 4 PERSONNES - PRÉPARATION 15 À 20 MINUTES - CUISSON 15 À 25 MINUTES

DORADE, ROULEAUX CAROTTE-COURGETTE
SAUCE CRÉMEUSE AU CITRON VERT

4 filets de dorade de 150 g chacun
4 carottes
3 petites courgettes
10 cl d'huile d'olive
le zeste de 2 citrons verts
fleur de sel, poivre du moulin

SAUCE
10 cl de crème fleurette
10 cl de vin blanc
le jus de 2 citrons verts
1 noix de beurre salé
1 échalote
1 gousse d'ail
2 gouttes de Tabasco
fleur de sel, poivre du moulin

BOUILLON
3 feuilles de kaffir (bergamote)

BOUILLON
Remplir d'eau 2 casseroles du même diamètre que les paniers. Ajouter les feuilles de kaffir. Porter à ébullition pendant la préparation des paniers.

PRÉPARATION
Éplucher les carottes et les courgettes, les tailler en tagliatelles à l'aide d'un économe plat et large. Poser à plat un ruban de carotte, ajouter dessus un ruban de courgette, puis rouler. Procéder de même avec les autres rubans de carotte et de courgette.

MONTAGE ET CUISSON
Coincer les rouleaux carottes-courgettes dans 4 paniers vapeur les uns contre les autres puis superposer les paniers sur les casseroles de bouillon. Poser les couvercles sur les paniers du dessus et laisser cuire 10 à 15 minutes.
Rouler ensuite les filets de dorade et les déposer sur les légumes. Parsemer de zestes de citron vert, de fleur de sel et de poivre du moulin. Continuer la cuisson pendant 5 à 10 minutes.

SAUCE
Éplucher et émincer l'échalote et l'ail. Faire fondre le beurre dans une petite casserole puis ajouter l'échalote et l'ail. Laisser fondre un peu puis verser le vin blanc, le jus de citron et, enfin, la crème. Ajouter 2 gouttes de Tabasco, saler et poivrer. Laisser cuire 5 à 10 minutes.

SERVICE
Lorsque la dorade est cuite, servir les paniers avec de la sauce dessus.

POUR 4 PERSONNES - PRÉPARATION 15 MINUTES - CUISSON 10 MINUTES

FILETS DE BAR AUX LÉGUMES D'HIVER
SAUCE CITRONNÉE

4 petits filets de bar de 150 g chacun, ou 2 filets taillés dans un bar de 1 kg, coupés en deux
200 g de choux de Bruxelles
4 petits navets jaunes boule d'or
1 betterave crue coupée en tranches
le jus de 1 citron vert
10 cl d'huile d'olive
fleur de sel, poivre du moulin

SAUCE
2 jaunes d'œufs
1 c. à s. d'eau froide
100 g de beurre
le jus de 2 citrons
1/2 botte de ciboulette
fleur de sel, poivre 5-baies

BOUILLON
4 feuilles de kaffir (bergamote)

BOUILLON
Remplir d'eau 2 casseroles du même diamètre que les paniers. Ajouter les feuilles de kaffir. Porter à ébullition pendant la préparation des paniers.

PRÉPARATION
Couper les choux de Bruxelles et les navets en deux et la bettrave en tranches.

MONTAGE ET CUISSON
Disposer les choux et les navets au fond de 4 paniers vapeur à plat, côté bombé vers le haut, ainsi que les tranches de betterave. Arroser de jus de citron vert et d'huile d'olive.
Empiler les paniers sur les casseroles de bouillon, poser le couvercle sur les paniers du dessus et laisser cuire les légumes 5 minutes.
Déposer ensuite les filets de bar sur les légumes, saler et poivrer. Repositionner les paniers sur la casserole et continuer la cuisson 5 minutes.

SAUCE
Battre les jaunes d'œufs dans un bol en verre avec l'eau froide, saler et poivrer. Mettre le bol au bain-marie. Lorsque l'eau est chaude, fouetter les œufs et ajouter le beurre en petits morceaux, petit à petit. Ajouter ensuite le jus de citron sans arrêter de fouetter. La sauce est prête quand elle est onctueuse et nappe la fourchette. Ajouter la ciboulette ciselée lorsque la sauce a refroidi.

SERVICE
Servir avec la sauce citronnée.

POUR 4 PERSONNES - PRÉPARATION 15 MINUTES - CUISSON 35 À 38 MINUTES

CABILLAUD AUX CÈPES ET CÉRÉALES
SAUCE ONCTUEUSE AUX CHAMPIGNONS

4 petits filets de cabillaud
de 150 g chacun
300 g de céréales : quinoa rouge,
blanc, semoule
150 g de cèpes émincés (surgelés
ou séchés)
4 c. à s. d'huile aromatisée à la
truffe blanche
fleur de sel, poivre du moulin
1 trévise

SAUCE
200 g de champignons de Paris
émincés
2 échalotes
20 g + 50 g de beurre salé
40 cl de fumet de poisson
20 cl de vin blanc sec
4 c. à s. de crème fraîche épaisse
2 c. à s. de farine
1 botte de cerfeuil
sel, poivre du moulin

BOUILLON
1 c. à s. de thé fumé (lapsang sishuang)

BOUILLON

Remplir d'eau 2 casseroles du même diamètre que les paniers. Ajouter le thé fumé et porter à ébullition pendant la préparation des paniers. Si vous utilisez des cèpes séchés, les réhydrater dans de l'eau bouillante, dans un bol, pendant 10 minutes.

MONTAGE ET CUISSON

Dans 4 paniers vapeur, disposer un lit de feuilles de trévise en quinconce. Verser par-dessus les céréales. Superposer les paniers sur les casseroles de bouillon, poser les couvercles sur les paniers du dessus et laisser cuire 20 minutes.
Ajouter alors les cèpes en lamelles et continuer la cuisson 10 minutes.
Poser le poisson sur les céréales et les cèpes, ajouter 1 cuillerée à soupe d'huile à la truffe blanche sur chaque morceau de poisson, saler et poivrer. Refermer et prolonger la cuisson de 5 à 8 minutes.

SAUCE

Émincer les échalotes et les champignons de Paris. Dans une petite casserole, faire chauffer les 20 g de beurre avec les échalotes et les champignons, remuer quelques minutes, ajouter le vin blanc, laisser infuser 3 minutes, ajouter le fumet de poisson. Dans une autre casserole, faire chauffer 50 g de beurre avec la farine tamisée. Lorsqu'une boule se forme, verser le fumet de poisson aux champignons dessus et mélanger énergiquement. Lorsque la sauce se délie, ajouter la crème fraîche. Saler et poivrer.

SERVICE

Ajouter du cerfeuil ciselé à la sauce aux champignons et servir les paniers avec la sauce.

100

POUR 4 PERSONNES - PRÉPARATION 15 MINUTES - CUISSON 10 À 13 MINUTES

LIEU SUR LIT DE CRESSON
SAUCE TOMATO-COCO

1 filet de lieu de 800 g
2 courgettes
2 poivrons rouges grillés et pelés
1 botte de cresson
1 botte de coriandre fraîche

SAUCE
1 bocal de 250 ml de sauce tomate
200 ml de lait ou de crème de coco
1 c. à c. de pâte de curry rouge
1 pincée de sel

BOUILLON
2 étoiles de badiane
1 c. à c. de curcuma moulu ou de curry en poudre

BOUILLON

Remplir d'eau 2 casseroles du même diamètre que les paniers. Ajouter les aromates. Porter à ébullition pendant la préparation des paniers.

PRÉPARATION

Laver, peler et couper les courgettes en rondelles. Couper les poivrons grillés en lamelles. Couper le filet de lieu en 4 morceaux de taille égale. Laver le cresson et couper les queues, garder les feuilles. Monter les paniers.

MONTAGE ET CUISSON

Répartir le cresson dans 4 paniers vapeur, puis ajouter des lamelles de courgette et de poivron. Superposer les paniers sur les casseroles de bouillon. Couvrir et laisser cuire 5 minutes.
Ajouter ensuite les filets de poisson dans les paniers, les replacer sur les casseroles et continuer la cuisson 5 à 8 minutes de plus.

SAUCE

Faire chauffer le lait de coco dans une petite casserole avec la pâte de curry. Fouetter avec une fourchette puis ajouter la sauce tomate. Laisser compoter 5 minutes à feu doux.

SERVICE

Servir sans attendre avec la sauce et de la coriandre fraîche.

POUR 4 PERSONNES - PRÉPARATION 15 MINUTES - RÉFRIGÉRATION 30 MINUTES - CUISSON 25 À 30 MINUTES

ROULEAUX DE SAUMON ET POMMES DE TERRE
SAUCE CITRONNÉE

4 à 8 grandes tranches de saumon fumé
200 g de queues d'écrevisses décortiquées
1 échalote
1/2 botte de ciboulette
4 carrés frais
8 à 10 petites pomme de terre roses
15 cl d'huile d'olive
fleur de sel, poivre du moulin

SAUCE
le jus de 1 citron
1 yaourt brassé nature
1 c. à s. de moutarde Savora
2 c. à s. de ciboulette ciselée très finement
sel, poivre

BOUILLON
1 cm de racine de gingembre émincé
l'écorce de 1 citron ou de bergamote

BOUILLON

Remplir d'eau 2 casseroles du même diamètre que les paniers. Ajouter le gingembre et l'écorce de citron. Porter à ébullition pendant la préparation des pommes de terre.

PRÉPARATION

Dans le bol d'un robot, mixer les écrevisses et l'échalote jusqu'à obtention d'une pâte. Mélanger avec les carrés frais, ajouter la moitié de la ciboulette ciselée très finement. Poivrer, mais ne pas saler.
Étaler les tranches de saumon fumé à plat sur des rectangles de film alimentaire, ajouter de la préparation au fromage frais, rouler les tranches de saumon à l'aide du film et serrer aux extrémités. Réserver au frais 30 minutes.
Couper les pommes de terre en rondelles assez fines.

MONTAGE ET CUISSON

Disposer les tranches de pommes de terre en rosace dans 4 paniers vapeur. Verser un filet d'huile d'olive dans chaque panier, parsemer de fleur de sel et poivrer légèrement.
Superposer les paniers sur les casseroles de bouillon, couvrir et laisser cuire 20 minutes environ, jusqu'à pouvoir enfoncer facilement une lame de couteau dans les pommes de terre.
Ajouter ensuite dans chaque panier les rouleaux de saumon filmés et continuer la cuisson 5 à 10 minutes.

SAUCE

Mélanger tous les ingrédients dans un bol avec une fourchette.
Placer au frais jusqu'à utilisation.

SERVICE

Sortir les rouleaux du film et les remettre sur les pommes de terre.
Servir les paniers avec la sauce citronnée fraîche et le reste de la ciboulette.

POUR 4 PERSONNES - PRÉPARATION 20 MINUTES - CUISSON 15 À 18 MINUTES

SAINT-JACQUES, TOMATES CERISES ET FENOUIL
SAUCE CHIEN À L'ANETH

16 noix de Saint-Jacques
4 grappes de tomates cerises
2 petits fenouils
huile d'olive

SAUCE
2 citrons verts
1 oignon blanc
1/2 botte d'aneth
1 c. à c. de sucre
5 c. à s. d'huile d'olive
2 c. à s. de vinaigre de riz
1 cm de gingembre frais
sel, poivre

BOUILLON
2 pincées de safran
2 c. à c. de graines de fenouil
l'écorce de 1 orange coupée en fins bâtonnets

BOUILLON
Remplir d'eau 2 casseroles du même diamètre que les paniers. Ajouter le safran, les graines de fenouil et l'écorce d'orange. Porter à ébullition pendant la préparation des paniers.

PRÉPARATION
Découper le fenouil en tranches.

MONTAGE ET CUISSON
Dans 4 paniers vapeur, poser à plat des tranches de fenouil, puis les tomates cerises en grappe.
Superposer sur les casseroles de bouillon, couvrir et laisser cuire 10 minutes.
Ajouter 4 noix de Saint-Jacques par panier et prolonger la cuisson de 5 à 8 minutes.

SAUCE
Presser les citrons verts. Mélanger le jus de citron vert avec l'huile d'olive, le vinaigre de riz et le sucre. Râper le gingembre, l'ajouter à la sauce. Émincer très finement le petit oignon blanc et l'aneth, les ajouter à la sauce et délayer avec 1 cuillère à soupe d'eau. Saler et poivrer, bien mélanger. Réserver au frais jusqu'à utilisation.

SERVICE
Servir les paniers avec la sauce chien à l'aneth.

Si vous êtes deux et que vous voulez des portions copieuses, préparer 2 paniers par personnne : faites cuire une portion de légumes dans un panier et les saint-jacques dans un autre. Pour la cuisson, positionnez le panier de légumes en dessous, puis ajouter les saint-jacques au bout de 10 minutes.

POUR 4 PERSONNES - PRÉPARATION 20 MINUTES - CUISSON 12 MINUTES

POISSON EN FEUILLE DE BANANIER
SAUCE AU LAIT DE COCO

300 g de filets de poisson blanc (julienne, flétan, cabillaud, colin, lotte…)
1 boîte de chair de crabe de 200 g
150 g de petites crevettes roses décortiquées
1/2 botte de coriandre fraîche
1 cm de gingembre frais
10 cl de lait de coco
1 échalote
1/2 gousse d'ail écrasée
1 pincée de paprika ou piment d'Espelette
2 feuilles de bananier
1 citron vert
200 g de haricots mange-tout
1 carotte violette (facultatif)
sel, poivre du moulin

SAUCE
20 cl de lait de coco
1 citron vert
1 bâton de citronnelle
1/2 botte de coriandre fraîche

BOUILLON
2 feuilles de kaffir

BOUILLON

Remplir d'eau 2 casseroles du même diamètre que les paniers. Ajouter les feuilles de kaffir.

PRÉPARATION

Mettre tous les ingrédients coupés en morceaux dans le mixeur (sauf le citron vert, la feuille de bananier, les haricots et la carotte). Mixer 1 à 2 minutes afin d'obtenir une pâte ni trop liquide ni trop compacte. Saler et poivrer, ajouter un filet de jus de citron vert. Rectifier l'assaisonnement avec 1 ou 2 pincées de piment doux, selon votre goût.
Laver les feuilles de bananier, les sécher et y découper 4 carrés de 20 à 30 cm de côté.

MONTAGE ET CUISSON

Déposer 2 à 3 cuillerées à soupe de préparation dans chaque feuille de bananier, en formant une sorte de galette. Rabattre deux côtés opposés de la feuille en formant des paquets, les fixer à l'aide d'une ficelle ou de piques en bois. Déposer les papillotes dans 2 paniers vapeur.
Dans les autres paniers, disposer les haricots mange-tout et la carotte violette coupée en rondelles.
Déposer les panier de légumes sur les casseroles de bouillon, puis placer dessus les paniers avec les papillotes. Couvrir et laisser cuire 12 minutes.

SAUCE

Mélanger tous les ingrédients et mettre à chauffer dans une petite casserole.

SERVICE

Servir les petites papillotes de poisson coco avec les légumes et la sauce au lait de coco.

POUR 4 PERSONNES - PRÉPARATION 20 MINUTES - CUISSON 20 À 33 MINUTES

ROUGETS, BOULGOUR ET FRUITS SECS
SAUCE AU SAFRAN

4 filets de rouget ou 8 moitiés de petits filets de rouget
250 g de boulgour
6 abricots secs
4 figues sèches
50 g de raisins secs
4 disques de papier sulfurisé percés

SAUCE
10 cl de vin blanc
1 échalote
20 cl de bouillon de légumes
2 c. à s. de crème fraîche
2 pincée de pistils de safran
un filet d'huile d'olive
sel, poivre du moulin

BOUILLON
1 cube de bouillon de volaille
1 petit oignon
1 c. à s. d'huile d'olive
2 pincées de safran en pistils

BOUILLON
Émincer le petit oignon finement. Répartir l'huile d'olive et l'oignon dans 2 casseroles du même diamètre que les paniers. Laisser suer l'oignon 3 minutes. Verser 1 litre d'eau, ajouter le cube de bouillon et le safran, mélanger. Porter à ébullition.

PRÉPARATION
Précuire le boulgour dans une petite casserole d'eau salée pendant 10 à 15 minutes avec les raisins secs. Émincer les abricots secs et les figues sèches en tout petits morceaux puis égoutter le boulgour.

MONTAGE ET CUISSON
Répartir le boulgour dans 4 paniers vapeur tapissés de papier sulfurisé percé. Ajouter les fruits secs. Superposer les paniers sur les casserole de bouillon, couvrir et laisser cuire 5 à 10 minutes.
Ajouter les filets de rouget dans chaque panier et prolonger la cuisson de 5 à 8 minutes, en fonction de leur épaisseur.

SAUCE
Dans une petite casserole, faire chauffer un filet d'huile d'olive, ajouter l'échalote émincée. Lorsqu'elle est translucide, ajouter le vin blanc, mélanger bien, laisser réduire de moitié. Ajouter alors le bouillon de légumes et le safran, laisser mijoter à feu doux 10 minutes, puis mixer le tout. Ajouter un filet de crème fraîche, saler et poivrer.

SERVICE
Servir les paniers avec la sauce au safran.

Si vous êtes deux et que vous voulez des portions copieuses, préparer 2 paniers par personne : faites cuire une portion de légumes dans un panier et le poisson dans un autre.

POUR 4 PERSONNES - PRÉPARATION 20 MINUTES - RÉFRIGÉRATION 12 HEURES - CUISSON 20 MINUTES

ROULÉS DE SOLE SUR LIT DE CHOU

BEURRE PIMENTÉ AU CITRON VERT, SALSA DE MANGUE

4 filets de sole de 100 à 150 g chacun
1/2 chou blanc
4 bouquets de chou romanesco
3 carottes ou carottes violettes
4 c. à s. d'huile d'olive
1 pincée de paprika doux
4 à 5 brins d'aneth
sel, poivre

SAUCE
80 g de beurre ramolli
2 pincées de piment d'Espelette ou doux
1 c. à s. de zeste de citron vert
sel, poivre

SAUCE
1/2 mangue pelée
50 g d'ananas en boîte
2 c. à s. de vinaigre de riz
le jus de 1 citron vert
2 c. à s. d'eau
1 c. à c. de sucre
1 petit oignon vert ou blanc
1/2 botte de coriandre

BOUILLON
1 cm de racine de gingembre émincé
l'écorce de 1 citron ou de bergamote

BOUILLON

Remplir d'eau 2 casseroles du même diamètre que les paniers. Ajouter les écorces de citron ou de bergamote et le gingembre émincé. Porter à ébullition pendant la préparation des paniers.

PRÉPARATION

Préparer le beurre la veille : écraser le beurre à la fourchette dans un bol, ajouter le zeste de citron vert et le piment, saler et poivrer. Bien mélanger. Étaler un film alimentaire sur le plan de travail et déposer le beurre mou. Fermer en roulant comme un boudin, puis serrer aux extrémités. Mettre au réfrigérateur pour 1 nuit.
Tailler les carottes en tagliatelles à l'aide d'un économe large et les rouler sur elles-mêmes.
Rouler les filets de sole et maintenir avec une pique en bois.

MONTAGE ET CUISSON

Répartir les feuilles de chou blanc au fond de 4 paniers vapeur, ajouter les bouquets de chou romanesco et les rouleaux de carottes, verser un filet d'huile d'olive. Disposer les paniers sur les casseroles de bouillon, couvrir et laisser cuire 10 minutes. Poser 1 rouleau de sole dans chaque panier et 1 morceau de beurre pimenté au citron vert sur chaque sole. Saler et poivrer, parsemer de paprika doux et d'aneth ciselé. Laisser cuire à la vapeur 10 minutes de plus.

SAUCE

Émincer l'oignon très finement. Émincer la mangue et l'ananas en tout petits dés, mélanger le tout. Ajouter le jus de citron vert, le vinaigre, le sucre, l'eau, bien mélanger. Ajouter la coriandre hachée. Réserver au frais jusqu'à utilisation.

SERVICE

Déposer un autre morceau de beurre sur les rouleaux de poisson et servir aussitôt avec la salsa de mangue.

POUR 4 PERSONNES - PRÉPARATION 15 MINUTES - CUISSON 30 À 45 MINUTES

CHOU VERT FARCI AU HADDOCK
SAUCE AUX AIRELLES

4 grandes feuilles de chou vert frisé
400 g de filets de haddock
40 cl de lait demi-écrémé ou entier
200 g pommes de terre à chair ferme
200 g de potiron
4 c. à c. de ciboulette ciselée très finement
sel, poivre du moulin

SAUCE
400 g d'airelles fraîches ou surgelées
le jus de 2 oranges
50 g de sucre en poudre
30 cl de jus de pomme

BOUILLON
1 cube de bouillon de légumes

BOUILLON
Remplir d'eau 2 casseroles du même diamètre que les paniers. Ajouter le cube de bouillon et porter à ébullition.

PRÉPARATION
Éplucher et couper les pommes de terre et le potiron en gros dés. Les disposer dans un panier vapeur. Poser le panier sur la casserole avec le bouillon, couvrir et laisser cuire 15 minutes.
Pendant ce temps, plonger les feuilles de chou dans une grande casserole d'eau bouillante salée pour 10 minutes pour les faire ramollir. Les retirer et les rafraîchir sous l'eau froide. Les étaler sur un plan de travail.
Mettre le filet de haddock dans une casserole avec le lait. Porter à ébullition et laisser pocher 10 minutes à feu doux. Égoutter puis émietter dans un bol.
Mélanger le haddock, les pommes de terre et le potiron à la fourchette, les malaxer légèrement, parsemer de ciboulette et poivrer. Garnir les feuilles de chou de cette préparation, refermer en petits paquets cadeaux et ficeler avec une ficelle à rôti.

MONTAGE ET CUISSON
Déposer les feuilles de chou farcies dans les paniers vapeur. Poser les paniers sur les casseroles de bouillon, couvrir et laisser cuire 10 à 15 minutes.

SAUCE
Laisser compoter tous les ingrédients dans une casserole pendant 30 à 45 minutes à feu doux. Laisser refroidir.

SERVICE
Servir avec la sauce aux airelles.

POUR 4 PERSONNES - PRÉPARATION 15 MINUTES - CUISSON 25 MINUTES

LAPIN ROULÉ À LA SAUGE
SAUCE À LA MOUTARDE

4 râbles de lapin
200 g de chair à saucisse aux herbes
300 g de haricots verts
3 carottes
4 feuilles de sauge
1 c. à c. de paprika
1 filet d'huile d'olive
sel, poivre

SAUCE
2 c. à s. de moutarde à l'ancienne
crème fraîche épaisse
1 c. à s. de vin blanc
quelques brins de romarin hachés
sel, poivre

BOUILLON
1 cube de bouillon de volaille
2 branches de romarin

BOUILLON
Remplir d'eau 2 casseroles du même diamètre que les paniers. Ajouter le cube de bouillon et le romarin. Porter à ébullition pendant la préparation des paniers.

PRÉPARATION
Couper les râbles de lapin de façon à obtenir un morceau plat, sans os central. Farcir les râbles avec la chair à saucisse et les refermer avec une ficelle à rôti. Poser une feuille de sauge sur chaque petit paquet.
Couper les haricots verts en tronçons et les carottes en bâtonnets de taille égale.

MONTAGE ET CUISSON
Disposer dans 4 paniers vapeur les haricots verts et les carottes puis superposer les paniers sur les casseroles de bouillon. Couvrir et laisser cuire les légumes 10 minutes.
Ajouter les roulades de lapin à la sauge dans chaque panier de légumes et continuer la cuisson 15 minutes. Si le bouillon vient à manquer, ajouter 500 ml d'eau dans la casserole.

SAUCE
Mélanger au fouet tous les ingrédients, assaisonner selon votre goût.

SERVICE
Servir les paniers avec la sauce à la moutarde.

ROULÉS DE VOLAILLE LARD ET FROMAGE FRAIS
SAUCE YAOURT AUX HERBES FRAÎCHES

4 filets de poulet ou de dinde
250 g de ricotta ou de brousse, ou fromage frais type Madame Loïk
1 botte de basilic
4 à 5 tomates séchées
8 tranches de lard fines ou de pancetta
1 kg d'épinards frais
sel, poivre

SAUCE

2 yaourts nature brassés
1/2 botte de basilic
1/2 botte de ciboulette ou d'estragon
2 c. à s. de St Môret ou autre fromage frais
1 pincée de cumin
1 c. à s. de crème fraîche
1 c. à c. de moutarde Savora ou Colman's Mustard
fleur de sel, poivre du moulin

BOUILLON

1 cube de bouillon de volaille
1/2 botte de thym frais

BOUILLON

Remplir d'eau 2 casseroles du même diamètre que les paniers. Ajouter le cube de bouillon et le thym. Porter à ébullition pendant la préparation des paniers.

PRÉPARATION

Étaler les filets de poulet ou de dinde à plat sur le plan de travail entre 2 feuilles de film alimentaire. Aplatir chaque filet en tapant dessus avec un rouleau à pâtisserie. Lorsque la viande est plus fine, la saler et la poivrer.
Dans un bol, mélanger la ricotta avec le basilic ciselé et les tomates séchées coupées en lanières. Saler et poivrer.
Poser 2 tranches de lard sur le film alimentaire, déposer dessus 1 filet de poulet aplati et le tartiner de farce à la ricotta. Rouler les filets en accompagnant le geste du film transparent, fermer hermétiquement.

MONTAGE ET CUISSON

Disposer les épinards dans 4 paniers vapeur puis poser 1 rouleau de volaille dans chaque panier. Les superposer sur les casseroles de bouillon. Couvrir et laisser cuire 15 minutes environ.

SAUCE

Mélanger dans un bol le yaourt brassé avec le fromage frais, la crème fraîche et la moutarde. Saler et poivrer. Hacher les herbes fraîches et les mélanger à la sauce. Ajouter 1 pincée de cumin et rectifier l'assaisonnement.

SERVICE

Sortir les rouleaux du film alimentaire et les couper en deux. Servir aussitôt avec la sauce yaourt aux herbes fraîches.

POUR 4 PERSONNES - PRÉPARATION 20 MINUTES - CUISSON 25 À 32 MINUTES

VEAU ROULÉ AUX CÈPES
ET LENTILLES CORAIL

4 escalopes de veau extrafines
150 g de cèpes, de champignons de Paris ou de girolles
2 boîtes de 150 g de fromage frais nature (type Madame Loïk)
50 g de fromage râpé
240 g de lentilles corail, préalablement trempées pendant 3 heures dans de l'eau froide
4 petits navets
un filet d'huile d'olive
fleur de sel, poivre du moulin
4 disques de papier sulfurisé percés

BOUILLON

3 clous de girofle

BOUILLON

Remplir d'eau 2 casseroles du même diamètre que les paniers. Ajouter les clous de girofle. Porter à ébullition pendant la préparation des paniers.

PRÉPARATION

Mélanger le fromage frais et le fromage râpé, ne pas saler mais poivrer légèrement.
Couper 1/4 des cèpes en dés et les ajouter à la préparation au fromage.
Couper le reste des cèpes en lamelles. Tailler les petits navets en lamelles fines.
Étaler les escalopes de veau sur le plan de travail, farcir de mélange au fromage frais et aux cèpes. Rouler. Envelopper chaque escalope dans du film alimentaire.

MONTAGE ET CUISSON

Tapisser 4 paniers vapeur de papier sulfurisé percé. Répartir les lentilles corail dans les paniers. Couvrir, superposer les paniers sur les casseroles de bouillon et laisser cuire 15 à 20 minutes.
Ajouter sur les lentilles les rouleaux de veau farcis et quelques cèpes posés en rosace avec les tranches de navets. Parsemer de fleur de sel et de poivre, verser un filet d'huile d'olive. Laisser cuire les paniers encore 10 à 12 minutes.

SERVICE

Sortir la viande du film, la déposer sur les légumes et servir aussitôt.

POUR 4 PERSONNES - PRÉPARATION 15 MINUTES - CUISSON 10 MINUTES

MIGNON DE PORC AUX CHÂTAIGNES
SAUCE SOJA SUCRÉE

1 filet mignon de porc de 500 à 600 g
6 à 8 tranches de pancetta très fines
4 figues sèches ou dattes
4 pruneaux
4 à 6 abricots secs
2 épis de maïs
150 g de marrons cuits (sous vide)
2 pommes pink lady
un filet d'huile d'olive
sel, poivre

SAUCE
3 c. à s. de sauce soja
2 c. à s. de saké ou de mirin
1 c. à c. de sucre blond
2 c. à s. d'eau

BOUILLON
2 bâtons de cannelle
1 kumquat
1 étoile de badiane

BOUILLON

Remplir d'eau 2 casseroles du même diamètre que les paniers. Ajouter les bâtons de cannelle, le kumquat coupé en deux et la badiane. Porter à ébullition pendant la préparation des paniers.

PRÉPARATION

Poser le filet mignon sur un film alimentaire. L'aplatir avec un maillet à viande ou un rouleau à pâtisserie. Détailler le filet en 4 portions égales. Saler et poivrer généreusement. Couper en tout petits dés les figues sèches, les abricots secs et les pruneaux. Mélanger tous les fruits secs dans un bol avec 1 ou 2 gouttes d'huile d'olive. Étaler des fruits secs sur chaque morceau de filet de porc, recouvrir de tranches de pancetta. Rouler les filets et les envelopper dans du film alimentaire en serrant les extrémités.

Couper les épis de maïs en rondelles, tailler les pommes en tranches pas trop épaisses.

MONTAGE ET CUISSON

Dans 4 paniers vapeur, disposer des tranches d'épis de maïs, des lamelles de pomme et des marrons, ajouter 1 rouleau de filet de porc aux fruits secs au centre. Superposer les paniers vapeur sur les casseroles de bouillon en ébullition. Couvrir et laisser cuire 10 minutes.

SAUCE

Mélanger la sauce soja avec le sucre blond, l'alcool de riz et l'eau.

SERVICE

Sortir la viande du film, la déposer dans les paniers. Servir avec la sauce soja sucrée.

POUR 4 PERSONNES - PRÉPARATION 15 MINUTES - MARINADE 30 MINUTES - CUISSON 8 À 9 MINUTES

POULET MARINÉ COCO ET CITRON VERT
SAUCE FROMAGE BLANC-WASABI

2 filets de poulet (500 à 600 g au total)
200 g de minimaïs
150 g de haricots mange-tout
4 disques de papier sulfurisé percés (ou feuille de bananier, ou 4 grandes feuilles d'épinard)

MARINADE
30 ml de lait de coco
le jus de 2 citrons verts
2 c. à s. de nuoc-mâm
1 bâton de citronnelle
1/2 botte de coriandre
sel, poivre

SAUCE
125 g de fromage blanc ou de yaourt à la grecque
1 c. à s. de crème liquide
1 c. à c. de wasabi
le jus de 1/2 citron
2 tiges de ciboule
sel

BOUILLON
4 feuilles de kaffir ou écorce de bergamote
1 tige de citronnelle

MARINADE
Mélanger le jus de citron vert avec le lait de coco, saler et poivrer. Ajouter le nuoc-mâm, tailler la citronnelle en petites rondelles, l'ajouter au lait de coco.

BOUILLON
Remplir d'eau 2 casseroles du même diamètre que les paniers. Ajouter la tige de citronnelle et les feuilles de kaffir ou les écorces de bergamote.

PRÉPARATION
Détailler les filets de poulet en lanières ou en gros dés. Mélanger le poulet en morceaux à la marinade et placer au réfrigérateur pour 30 minutes minimum. Il est possible de laisser mariner le poulet 1 nuit.

MONTAGE
Tapisser 4 paniers vapeur de papier sulfurisé (ou de feuilles de bananier, ou de feuilles d'épinard). Disposer dessus des minimaïs et des haricots mange-tout. Empiler les paniers sur les casserole, poser le couvercle sur les paniers du dessus et laisser cuire 3 à 4 minutes.
Répartir ensuite le poulet mariné au centre de chaque panier puis les replacer sur les casseroles. Laisser cuire 5 minutes de plus.

SAUCE
Mélanger le fromage blanc ou le yaourt, la crème liquide, le wasabi et le jus de citron. Saler. Émincer la ciboule et l'ajouter à la sauce.

SERVICE
Servir les paniers sans attendre avec la sauce et un peu de riz gluant (page 10).

POUR 4 PERSONNES - PRÉPARATION 10 À 15 MINUTES - CUISSON 5 À 6 MINUTES

LÉGUMES DE PRINTEMPS

100 g de haricots verts
100 g haricots plats
100 g petits pois
200 g pousses d'épinard
10 g de gingembre frais
1 poignée de pousses de haricot mungo (germes de soja)
2 cives

PRÉPARATION

Laver et parer tous les légumes. Couper le gingembre en rondelles. Couper les haricots plats en tronçons en biseau. Couper les haricots verts en tronçons de la même taille ainsi que les cives.

MONTAGE ET CUISSON

Disposer dans les paniers vapeur tous les légumes de façon harmonieuse, en mettant au fond les petits pois, les haricots verts et les haricots plats. Disposer les pousses d'épinard et les cives sur le dessus. Parsemer de germes de soja, puis ajouter le gingembre.
Superposer les paniers vapeur sur 2 casseroles d'eau bouillante, couvrir et laisser frémir 5 à 6 minutes.

POUR 4 PERSONNES - PRÉPARATION 10 À 15 MINUTES - CUISSON 5 À 6 MINUTES

LÉGUMES D'ÉTÉ

100 g de poivron jaune
200 g d'asperges vertes
2 courgettes
100 g tomates cerises jaunes
200 g de tomates cerises en grappes
4 fleurs de courgette
80 g de petits pois en gousse
un filet d'huile d'olive

BOUILLON
1/2 botte de basilic

BOUILLON

Remplir d'eau 2 casseroles du même diamètre que les paniers. Ajouter le basilic effeuillé pour parfumer. Porter à ébullition pendant la préparation des paniers.

PRÉPARATION

Laver et parer tous les légumes. Couper le poivron en tronçons ou en lanières. Couper les tomates cerises jaunes en deux, les asperges en tronçons, les courgettes en rondelles. Monter les paniers comme expliqué ci-dessous.

MONTAGE ET CUISSON

Disposer tous les légumes dans 4 paniers vapeur de façon harmonieuse, en mettant au fond les poivrons, les courgettes en rondelles, les gousses de petits pois et la fleur de courgette. Ajouter sur le dessus la grappe de tomates cerises et les asperges. Arroser d'un filet d'huile d'olive.
Superposer les paniers sur les casserole, couvrir et laisser frémir 5 à 6 minutes.

POUR 4 PERSONNES - PRÉPARATION 10 À 15 MINUTES - CUISSON 5 À 6 MINUTES

LÉGUMES D'AUTOMNE

300 g de girolles
300 g de potiron
100 g de figues
1/2 botte de persil plat
un filet d'huile d'olive
4 pincées de fleur de sel

BOUILLON
1 branche de sarriette

BOUILLON

Remplir d'eau 2 casseroles du même diamètre que les paniers. Ajouter la sarriette pour parfumer. Porter à ébullition pendant la préparation des paniers.

PRÉPARATION

Laver et sécher les girolles. Les couper en deux ou en trois. Couper les figues en deux ou en quatre. Couper le potiron en petites tranches fines.

MONTAGE ET CUISSON

Disposer dans 4 paniers vapeur les tranches de potiron au fond, puis les girolles par-dessus, et, enfin, les figues. Parsemer de persil plat ciselé et de fleur de sel, arroser d'un filet d'huile d'olive.
Superposer les paniers sur les casseroles, couvrir et laisser frémir 5 à 6 minutes.

POUR 4 PERSONNES - PRÉPARATION 10 À 15 MINUTES - CUISSON 5 À 6 MINUTES

LÉGUMES D'HIVER

100 g de crosnes
200 g de choux de Bruxelles
100 g poireau
100 g chou blanc
200 g de carottes et carottes violettes
100 g de petits navets violets
4 grandes feuilles de chou vert
un filet d'huile d'olive
sel, poivre

BOUILLON
1 ou 2 branches de thym ou de romarin

BOUILLON

Remplir d'eau 2 casseroles du même diamètre que les paniers. Ajouter le thym effeuillé. Porter à ébullition.

PRÉPARATION

Laver et parer tous les légumes. Couper le chou blanc en morceaux pas trop gros. Couper les carottes en rondelles ou en tronçons, les navets et le poireau en tronçons, les choux de Bruxelles en deux.

MONTAGE ET CUISSON

Disposer les feuilles de chou vert au fond de 4 paniers vapeur, puis mettre par-dessus d'abord les légumes les plus durs : les carottes, les navets, le chou blanc, les choux de Bruxelles, puis les poireaux et les crosnes. Saler, poivrer et arroser d'un filet d'huile d'olive.
Superposer les paniers sur la casseroles, couvrir et laisser frémir 5 à 6 minutes.

POUR 4 PERSONNES - PRÉPARATION 15 MINUTES - MARINADE 30 MINUTES - CUISSON 10 MINUTES

HALOUMI, MINI-COURGETTES ET TOMATES
SAUCE TAHINÉ

400 g de fromage haloumi (fromage de Chypre à pâte ferme, assez salé, vendu sous vide)
400 g de tomates cerises en grappe
4 à 6 minicourgettes
200 g de haricots verts
graines de sésame
sel, poivre

SAUCE
4 c. à s. de tahine (pâte de sésame)
1 gousse d'ail
le jus de 1 citron
4 c. à s. d'eau tiède
2 pincées de sel

BOUILLON
1/2 bouquet de menthe fraîche

BOUILLON

Remplir d'eau 2 casseroles du même diamètre que les paniers. Ajouter la menthe hachée. Porter à ébullition pendant la préparation des paniers.

PRÉPARATION

Laver et couper les haricots verts en tronçons de taille égale. Poser les paniers sur la casserole de bouillon en ébullition, couvrir et laisser cuire 5 minutes. Monter les paniers.

MONTAGE ET CUISSON

Tapisser le fond de 4 paniers vapeur de haricots verts. Ajouter les courgettes coupées en deux dans la longueur. Poser les paniers sur la casserole de bouillon en ébullition, couvrir et laisser cuire 5 minutes.
Ajouter ensuite dans chaque panier les tomates cerises en grappe et 1 ou 2 tranches de haloumi, parsemer de graines de sésame et laisser cuire 5 minutes de plus.

SAUCE

Délayer le tahine avec l'eau tiède, ajouter le jus de citron et l'ail écrasé. Saler.

SERVICE

Servir les paniers aussitôt avec la sauce.

VARIANTE
Vous pouvez remplacer les tomates cerises par des tomates semi-séchées.

POUR 4 PERSONNES - PRÉPARATION 10 À 15 MINUTES - CUISSON 5 À 8 MINUTES

MINI-LÉGUMES À PARTAGER
SAUCE VINAIGRETTE BALSAMIQUE

200 g de mini-carottes
100 g mini-asperges
100 g mini-courgettes rondes
100 g mini-bettraves
100 g mini-poivrons
100 g mini-brocolis
100 g mini-poireaux
100 g mini-choux-fleurs
100 g mini-endives
100 g mini-maïs
3 pincées de fleur de sel

SAUCE
2 c. à s. de vinaigre balsamique
2 c. à s. de sauce soja claire
4 c. à s. d'huile d'olive
1/2 botte de ciboulette émincée
1 c. à s. de miel liquide
1 cm de racine de gingembre frais, haché ou râpé

BOUILLON
2 cm de racine de gingembre
1 c. à c. de cumin en poudre ou en grains

BOUILLON

Remplir d'eau une grande casserole du même diamètre que le panier. Ajouter le gingembre et le cumin. Porter à ébullition pendant la préparation du panier.

PRÉPARATION

Laver et couper tous les légumes en deux ou en tronçons.

MONTAGE

Installer les légumes dans un grand panier vapeur : mettre les légumes les plus durs au fond et les plus tendres en haut. Les poivrons, les betteraves, les navets, les choux et les carottes doivent être placés en bas du panier, plus près de la vapeur ; les asperges, les poireaux et endives en haut. Saler. Poser le panier sur la casserole de bouillon, couvrir et laisser cuire 5 à 8 minutes.

SAUCE

Mélanger tous les ingrédients.

SERVICE

Servir aussitôt les légumes al dente avec la vinaigrette balsamique.
Une recette ultrarapide et ultrachic, qui fera un effet « bluff » !

POUR 4 À 6 PERSONNES - PRÉPARATION 5 MINUTES - MARINADE 30 MINUTES - CUISSON 10 MINUTES - REPOS 12 HEURES

FOIE GRAS EN PANIER VAPEUR
VERSION CLASSIQUE ET VARIANTES

VERSION CLASSIQUE
1 lobe de foie gras cru (oie ou canard)
porto, paprika, 5-baies, muscade, baies roses, romarin
3 c. à s. de vin cuit (porto ou madère) ou de vin moelleux
2 pincées de paprika
poivre 5-baies
2 pincée de baies roses
muscade en poudre
1 branche de romarin frais
fleur de sel de Guérande

VARIANTE AUX SPÉCULOS
1 lobe de foie gras cru (oie ou canard)
3 c. à s. de Madère Cruz
2 ou 3 gousses de cardamome
fleur de sel de Guérande, poivre 5-baies

VARIANTE MADÈRE CRUZ, 5-BAIES, CARDAMOME
1 lobe de foie gras cru (oie ou canard)
3 c. à s. de Madère Cruz
2 ou 3 gousses de cardamome
fleur de sel de Guérande, poivre 5-baies

VARIANTE ANIS, BADIANE, COGNAC
1 lobe de foie gras cru (oie ou canard)
3 c. à s. de cognac ou d'armagnac
2 fleurs de badiane
2 pincées de graines d'anis
fleur de sel de Guérande, poivre 5-baies

VERSION CLASSIQUE

Dénerver le foie gras en retirant chaque petit nerf avec un petit couteau pointu. Découper un morceau de film alimentaire transparent de 40 cm de long, le poser sur le plan de travail, disposer le lobe de foie gras dessus. Arroser le foie avec le vin cuit. Le couper en deux dans l'épaisseur. Saupoudrer de paprika, de poivre 5-baies, de baies roses, de muscade, puis déposer le romarin sur le lobe.
Saler le foie gras à l'intérieur et à l'extérieur, l'envelopper hermétiquement dans le film et laisser mariner au moins 30 minutes au réfrigérateur.
Sortir le lobe du réfrigérateur, retirer le film. Cuire dans un panier vapeur de grand diamètre (15 à 18 cm) pendant 10 minutes (3 minutes par 135 g de foie gras) sur une casserole remplie de 1 litre de bouillon aromatisé à l'étoile de badiane par exemple. Sortir le foie gras du panier vapeur et laisser refroidir. Le remettre au réfrigérateur pour 12 heures minimum avant de le servir avec des toasts briochés.

VARIANTE PÂTE DE SPÉCULOS

Préparer le foie gras comme précédemment, l'arroser avec le porto, tartiner l'intérieur de la pâte aux spéculos. Saler et poivrer. Suivre la recette pour la marinade, la cuisson et le service.

VARIANTE MADÈRE CRUZ, 5-BAIES ET CARDAMOME

Récupérer les graines de cardamome et les piler dans un mortier pour obtenir une poudre. Préparer le foie gras comme précédemment. L'arroser de madère. Saupoudrer de poudre de cardamome, saler et poivrer. Suivre la recette pour la marinade, la cuisson et le service.

VARIANTE ANIS, BADIANE, COGNAC

Préparer le foie gras comme précédemment. L'arroser de cognac ou d'armagnac. Bien saler tout le foie en le retournant et saupoudrer de poivre 5-baies. Poser des étoiles de badiane et parsemer de graines d'anis. Suivre la recette pour la marinade, la cuisson et le service.

POUR 4 PERSONNES - PRÉPARATION 10 MINUTES - CUISSON 5 À 8 MINUTES

BOULETTES VAPEUR
SAUCE ASIATIQUE

CREVETTES
400 g de crevettes roses décortiquées
100 g de crevettes grises décortiquées
1/2 c. à c. de coriandre en poudre
2 c. à s. de coriandre fraîche ciselée
le zeste de 1 citron ou citron vert
1/2 gousse d'ail écrasée
100 g de champignons de Paris émincée ou hachés
sel, poivre
Bouillon :
2 cm de racine de gingembre ou galanga frais

POULET-SÉSAME
300 g de blancs de poulet, coupés en morceaux
2 c. à s. d'oignon blanc émincé
2 c. à s. de gingembre frais haché
2 c. à s. de ciboulette ciselée
1 c. à s. de sauce soja
1 c. à s. de sésame blond ou doré
sel, poivre
Bouillon :
2 tiges de citronnelle
4 feuilles de kaffir (bergamote)

PORC
300 g de filet de porc, coupé en petits dés
2 c. à c. de curry en poudre
1 c. à s. de cumin en poudre
2 c. à s. d'échalote émincée
25 g de pain de mie rassis émietté
1 c. à s. d'huile d'olive
sel, poivre 5-baies
Bouillon :
branches de thym, laurier, clous de girofle...

CANARD
300 g d'aiguillettes de canard, coupées en morceaux
2 c. à s. d'échalote émincée
1 c. à s. de gingembre frais haché
2 c. à s. de thym frais émietté
1 c. à s. de sauce soja
100 g de cèpes (décongelés)
sel, poivre 5-baies
Bouillon :
20 g de cèpes déshydratés en poudre

SAUCE
1 cm de racine de gingembre frais
1/2 petit piment rouge épépiné
1 botte de ciboulette
le jus de 1 citron vert
4 c. à s. de sauce soja claire
1 c. à s. de vinaigre de riz ou blanc
1 c. à s. de sucre blond

BOULETTES
Mixer finement les ingrédients de chaque liste au mixeur. Façonner des boulettes d'une valeur de 1 cuillerée à soupe. Pour les boulettes poulet-sésame, ne pas mixer le sésame avec tous les ingrédients mais rouler les boulettes finies dans le sésame.

CUISSON
Découper 4 disques de papier sulfurisée au diamètre des paniers vapeur. Déposer les boulettes dans les paniers, sur le papier sulfurisé, couvrir et laisser cuire 5 à 8 minutes sur 2 casseroles remplies de bouillon aromatisé frémissant.

SAUCE
Émincer la ciboulette très finement. Hacher le gingembre au couteau très finement. Émincer le piment. Mélanger les ingrédients liquides, puis ajouter le gingembre haché, la ciboulette, le sucre et le piment émincé. Bien mélanger et réserver au frais.

SERVICE
Servir les boulettes avec la sauce.

POUR 20 À 25 RAVIOLIS- PRÉPARATION 20 MINUTES - CUISSON 8 À 10 MINUTES

RAVIOLIS VAPEUR
SAUCE AIGRE-DOUCE

1 paquet de pâte à raviolis

CANARD CONFITS
400 g de canard confit
100 g de champignons de Paris émincés
1/2 gousse d'ail écrasée
sel, poivre

POULET
400 g de blancs de poulet
1 citron confit émincé finement
1/2 bouquet de ciboulette

CREVETTES
400 g de crevettes décortiquées crues
3 oignons verts
2 c. à c. de gingembre haché

RICOTTA
400 g de ricotta ou fromage frais salé
1/2 botte de coriandre
1/2 botte de persil plat
1/2 botte de ciboulette
sel, poivre

SAUCE AIGRE-DOUCE À LA THAÏE
1 gousse d'ail écrasée
1 piment thaï émincé très finement sans les grains
2 c. à s. de sucre de canne en poudre ou liquide
4 c. à s. de nuoc-mâm
4 c. à s. de jus de citron vert
2 c. à s. de coulis de tomate ou de jus de tomate
2 c. à s. de carottes finement râpées (facultatif)

BOUILLON
1 cube de bouillon de volaille
3 feuilles de kaffir (bergamote)
1 citron confit coupé en quatre

BOUILLON

Remplir d'eau 2 casseroles du même diamètre que les paniers. Ajouter le cube de bouillon, les feuilles de kaffir et le citron confit. Porter à ébullition pendant la préparation des raviolis.

RAVIOLIS

Mixer chaque liste des ingrédients au mixeur. Déposer 1 cuillerée à café pleine de farce au centre d'une feuille de pâte à raviolis très fine. Puis rabattre les côtés de façon hermétique, en aumônière ou en triangle.

CUISSON

Découper des disques de feuilles de papier sulfurisé du même diamètre que les paniers vapeur et déposer les raviolis, 4 par 4, dans les paniers, sur le papier sulfurisé. Superposer les paniers sur les casseroles de bouillon. Couvrir et laisser cuire 8 à 10 minutes.

SAUCE

Bien mélanger tous les ingrédients dans un shaker pour sauce à salade.

SERVICE

Servir aussitôt les raviolis avec la sauce aigre-douce à la thaïe et de la coriandre fraîche.

POUR 4 PERSONNES - PRÉPARATION 15 MINUTES - CUISSON 40 MINUTES

PUDDING CHOCO

100 g de chocolat au lait
10 cl de lait
75 g de vergeoise brune
60 g de beurre ramolli
120 g de farine tamisée
20 g de poudre d'amande
ou de noisette
1 c. à c. de levure chimique
2 gros œufs
1 pincée de sel

PRÉPARATION

Préparer une casserole d'eau et un panier vapeur d'une largeur plus grande que le moule en porcelaine.
Faire chauffer le lait dans un bol au micro-ondes. Faire fondre le chocolat dans le lait chaud, mélanger au fouet pour qu'il fonde rapidement. Réserver.
Dans un saladier, fouetter la vergeoise et le beurre. Ajouter les œufs un par un, en mélangeant après chaque ajout. Incorporer la farine, la levure chimique, la poudre d'amande ou de noisette, le sel et le chocolat fondu. Verser dans le moule en porcelaine beurré.

CUISSON

Poser le moule dans le panier vapeur, le recouvrir de papier sulfurisé en fixant avec un élastique. Faire cuire 40 minutes minimum.

POUR 4 PERSONNES - PRÉPARATION 15 MINUTES - CUISSON 20 MINUTES

MINI-FLANS LAIT DE COCO ET MATCHA

1 boîte de 400 ml de lait de coco
50 g de farine de riz
50 g de farine de maïs ou de Maïzena
3 c. à s. de sucre glace
1 c. à c. de thé vert matcha en poudre
3 c. à c. de noix de coco râpée
5 feuilles de kaffir (bergamote)

PRÉPARATION

Dans un saladier, diluer les deux farines dans un peu de lait de coco froid pour obtenir une crème.
Faire chauffer dans une casserole le reste du lait de coco avec le sucre glace, le laisser se diluer, puis verser le lait de coco chaud dans le saladier avec les farines diluées. Mélanger énergiquement, reverser le tout dans la casserole et remettre quelques minutes sur feu doux.
Verser 1/4 de cette crème de coco dans un bol et ajouter le thé vert matcha. Bien mélanger à la fourchette pour enlever les grumeaux.
Dans des ramequins ou des coupelles de feuilles de bananier faites maison, verser la crème au thé vert, puis couvrir de crème coco. Parsemer de noix de coco râpée.

CUISSON

Mettre les ramequins ou les petits bols de feuilles de bananier dans les paniers vapeur. Poser les paniers sur 2 casseroles d'eau frémissante aromatisée de feuilles de kaffir. Laisser cuire 20 minutes.

SAUCE

Laisser refroidir un peu avant de déguster les flans.

REMERCIEMENTS

Merci à Emmanuel, Rose-Marie et Pauline.
Merci à Nathalie Carnet, toujours à fond.
Et à Lucy Oger, pareil toujours à fond !
Et à Olive pour la cellule de « goûtage » intensive...

SHOPPING

CFOC , bd Haussmann pour la vaisselle
Caravane emporium, pour les tissus
19 rue Saint Nicolas paris 12
merci , vaisselle 111 bd beaumarchais paris 3e

Relecture : Natacha Kotchetkova

Dépôt légal : avril 2011
ISBN : 978-2-501-07388-2
4079844
Imprimé en Espagne par Graphicas Estella